Pesquisando em arquivos

Coleção **PASSO-A-PASSO**

CIÊNCIAS SOCIAIS PASSO-A-PASSO
Direção: Celso Castro

FILOSOFIA PASSO-A-PASSO
Direção: Denis L. Rosenfield

PSICANÁLISE PASSO-A-PASSO
Direção: Marco Antonio Coutinho Jorge

Ver lista de títulos no final do volume

Celso Castro

Pesquisando em arquivos

ZAHAR
Jorge Zahar Editor
Rio de Janeiro

Copyright © 2008, Celso Castro

Copyright desta edição © 2008:
Jorge Zahar Editor Ltda.
rua México 31 sobreloja
20031-144 Rio de Janeiro, RJ
tel.: (21) 2108-0808 / fax: (21) 2108-0800
e-mail: jze@zahar.com.br
site: www.zahar.com.br

Todos os direitos reservados.
A reprodução não-autorizada desta publicação, no todo
ou em parte, constitui violação de direitos autorais. (Lei 9.610/98)

Composição: TopTextos Edições Gráficas Ltda.
Impressão: Sermograf

Capa: Sérgio Campante

CIP-Brasil. Catalogação-na-fonte
Sindicato Nacional dos Editores de Livros, RJ.

C35p Castro, Celso, 1963-
Pesquisando em arquivos / Celso Castro. — Rio de Janeiro: Jorge Zahar Ed., 2008.
(Passo-a-passo; v.82)

Inclui bibliografia
ISBN 978-85-378-0075-1

1. Arquivos – Pesquisa – Metodologia. 2. Arquivos – Coleções. 3. Arquivos. 4. Pesquisa – Metodologia. I. Título. II. Série.

08-1355

CDD: 025.1714
CDU: 930.251

Sumário

Introdução   7

História, cultura e patrimônio documental   8

O que é um arquivo?   25

Três casos   38

Como pesquisar em arquivos?   46

Referências e fontes   59

Sugestões de leitura   61

Sobre o autor   62

Agradecimentos   63

Introdução

> *A despeito do que, às vezes, parecem imaginar os iniciantes, os documentos não surgem, aqui ou ali, por efeito de não se sabe qual misterioso decreto dos deuses. Sua presença ou ausência em tais arquivos, em tal biblioteca, em tal solo deriva de causas humanas que não escapam de modo algum à análise, e os problemas que sua transmissão coloca, longe de terem apenas o alcance de exercícios de técnicos, tocam, eles mesmos, no mais íntimo da vida do passado, pois o que se encontra assim posto em jogo é nada menos do que a passagem da lembrança através das gerações.*
>
> Marc Bloch

O tema deste livro é a pesquisa em arquivos, em especial quando conduzida por estudantes ou jovens pesquisadores de ciências sociais e história. O objetivo do mesmo é auxiliar o pesquisador em suas investigações, ao ajudá-lo a abordar, de forma não ingênua e criticamente informada, as fontes arquivísticas. Embora as situações específicas de pesquisa variem conforme os objetivos do pesquisador e a configuração de cada arquivo examinado, há considerações gerais que são úteis e válidas para, senão todos, muitos casos.

O livro está dividido em quatro seções, organizadas numa lógica que vai das questões mais gerais para as mais específicas. A primeira introduz o tema do patrimônio (e, particularmente, do patrimônio documental, no qual se incluem os arquivos). A segunda pretende problematizar a pergunta, aparentemente fácil de responder, "o que é um arquivo?". A terceira descreve alguns exemplos concretos relacionados à constituição e organização de arquivos; e a quarta apresenta algumas estratégias gerais relacionadas aos métodos de pesquisa em arquivos.

História, cultura e patrimônio documental

Ao consultar um arquivo, um pesquisador está lidando com um conjunto de documentos selecionado como relevante por alguém, organizado e preservado segundo determinada lógica, e disponibilizado de acordo com alguns critérios. Só então, esse arquivo torna-se parte de um patrimônio documental de interesse público, passível de ser consultado.

Quando falamos em patrimônio em geral, e em patrimônio documental em particular, é preciso evitar uma visão ingênua do assunto, que não perceba dois pontos fundamentais. Primeiro, que a definição do que é considerado patrimônio é resultado de disputas muitas vezes conflituosas. Ou seja, a discussão sobre patrimônio está inserida num campo histórico de poder, socialmente configurado. Segundo, que não se pode preservar "tudo" porque toda preservação é seletiva. Entram em jogo, neste processo, dois elementos interdependentes: a construção de identidades sociais e os mecanismos da memória.

Identidade e patrimônio. Comecemos pela noção de *identidade*. Ela está presente no próprio momento de surgimento da filosofia ocidental. Identidade, neste caso, significava a permanência de um fundo não transitório, sempre igual a si mesmo, imutável sob todas as transformações. Para além da multiplicidade das coisas, buscava-se a permanência e a unidade do princípio que as sustentava, a identidade oculta e subjacente aos contrários, aos opostos, aos diferentes e aos semelhantes. No caso dos filósofos pré-socráticos, por exemplo, o centro da investigação era a *physis* (precariamente traduzida por "natureza"), o fundo inesgotável de onde vem o *kósmos*, de onde vêm e para onde regressam todas as coisas.

Não que houvesse um consenso sobre a própria existência real das identidades: toda a tradição que passa pelos sofistas e pelos céticos gregos criticava a noção de que existe um princípio de identidade, colocando o peso da reflexão não do lado da *verdade*, mas no da *opinião* (*dóxa*); não na *physis*, mas no *nómos* (a lei, as convenções). A discussão sobre identidade passava, assim, do reino da natureza para o mundo social, o mundo da praça e do mercado, da retórica e da arte da política.

Essas duas visões sobre identidade podem ser diferentemente aplicadas ao mundo social. No primeiro caso, temos uma visão *substancialista* das identidades sociais, procurando ver quais características são propriedade de determinado grupo, estando inscritas em sua própria constituição — uma "essência" que seria assimilada por seus integrantes.

Outra opção — que acho mais interessante — é perceber a identidade social como *construção cultural*, necessária para que os indivíduos possam interpretar e classificar a realidade. Neste caso, não há um núcleo real da identidade. Ela é uma espécie de foco virtual ao qual é indispensável nos referirmos para compreender e explicar certo número de coisas. Esta segunda visão, não-substancialista, leva à adoção de uma perspectiva "política" da identidade social em contraposição a uma perspectiva "psicológica". A identidade deixa de ser vista como uma propriedade de determinado grupo, assimilada por seus membros e passa a ser vista como a negociação entre grupos ou categorias que se enfrentam tanto no plano simbólico quanto no plano da interação social. Um dos resultados destas negociações é a definição daquilo que deve ser considerado como patrimônio coletivo, elemento central de sua identidade social.

Esta última visão nos ajuda a perceber melhor a importância do aspecto político, as dimensões de negociação e de conflito existentes na definição do que é patrimônio, em geral, e do que são patrimônio cultural e documental, em particular. Tal abordagem será tanto mais útil na medida em que percebermos as transformações históricas na noção de patrimônio. Façamos um breve percurso pela história desse conceito, guiados pelo livro *Patrimônio histórico e cultural*, de Pedro Paulo Funari e Sandra Pelegrini, publicado nesta coleção.

A palavra latina *patrimonium* significava, entre os antigos romanos, tudo o que pertencia ao pai, *pater* ou *pater familias*, pai de família — inclusive a mulher, os filhos e os escravos, os animais e os bens móveis e imóveis. A maioria da população, entre os romanos, não era proprietária, logo não possuía *patrimonium*. O conceito de patrimônio surgiu, portanto, no âmbito privado e no do direito de propriedade, estando intimamente ligado à visão de mundo e aos interesses aristocráticos da elite patriarcal romana.

Com a difusão do cristianismo e o predomínio da Igreja a partir da Antigüidade tardia e, em especial, na Idade Média, foi acrescentada ao caráter aristocrático do patrimônio a noção de patrimônio religioso, dotado de uma dimensão simbólica e coletiva. Foram elevados à categoria de valores sociais elementos materiais e espirituais que eram importantes não só para a elite da Igreja, mas também para pessoas comuns — o culto aos santos, os rituais religiosos coletivos e a valorização das relíquias. O predomínio do valor aristocrático, no entanto, permaneceu sendo a monumentalização das igrejas, com a construção das catedrais, seu sinal mais espetacular.

Uma mudança de perspectiva aconteceu com o Renascimento e sua crítica à Idade Média, vista como Idade das Trevas. Desenvolveu-se uma tradição antropocêntrica, em contraposição ao teocentrismo medieval. No entanto, na medida em que isso se deu através da valorização da Antigüidade greco-romana, acessível apenas a uma elite letrada, continuaram preservados os valores aristocráticos associados à idéia de patrimônio.

Apesar disso, deve-se destacar duas inovações importantes ocorridas no Renascimento, por obra dos chamados "humanistas". Em primeiro lugar, a preocupação com a coleta e catalogação de tudo o que restou dos "antigos": moedas, inscrições em pedra, vasos de cerâmica, estátuas, ruínas de edifícios. Surgiram, assim, os colecionadores de antigüidades, que continuam a existir até hoje. A segunda inovação foi a invenção da imprensa, permitindo que se multiplicassem as edições de obras antigas, tanto na língua original (grego ou latim) como em traduções — das quais a Reforma protestante, com a *vulgata* da Bíblia, foi grande devedora.

A ruptura mais importante com a versão aristocrática de patrimônio decorreu de uma grande transformação nas sociedades modernas, com o surgimento dos estados nacionais e o fim dos antigos regimes monárquicos de direito divino, baseados na identificação da nação com a Casa Real. O caso emblemático de criação de um Estado nacional moderno é o da França, a partir da Revolução de 1789. Idealmente, todos os franceses, independentemente de *status* ou de riqueza, transformaram-se, de súditos do reino, em cidadãos do país. Não por acaso, foi na França que se desenvolveu o moderno conceito de patrimônio, associado a um estado nacional, e não mais, como no Antigo Regime, a uma ordem privada e aristocrática.

Criada a República, era necessário efetivar o ideal de cidadania para todos os seus habitantes — na verdade, para os homens, pois por muito tempo as mulheres ainda permaneceram excluídas ou inferiorizadas em relação a vários direitos sociais e políticos. Um papel decisivo foi assumido pela escola laica e pública, instrumento de criação e difusão de valores, de costumes e de uma língua comuns. Foi sobre esse terreno que pôde desenvolver-se o moderno conceito de patrimônio, não mais aristocrático e restrito ao âmbito privado ou religioso das tradições antigas e medievais, mas extensivo a todo um povo, com uma única língua, cultura e um único território.

A idéia de patrimônio nacional atingiu o ápice no período que vai de 1914 a 1945, quando duas guerras mundiais ocorreram, impulsionadas por nacionalismos de diversos matizes. Neste período, o patrimônio era entendido, acima de tudo, como um bem material concreto: monumentos, edifícios e objetos considerados como dotados de um significativo valor simbólico para a identidade de uma nação. Difundiu-se, então, a criação, pelos Estados nacionais, de instituições e de legislação voltadas à proteção do patrimônio.

No Brasil, o Serviço de Patrimônio Histórico e Artístico Nacional (SPHAN) foi criado em 1936. As ações em defesa do patrimônio brasileiro promoveram, prioritariamente, a seleção de edifícios e igrejas católicas do período colonial — em estilo barroco — e de palácios governamentais, escolhas justificadas por seus vínculos com a história oficial da nação. A arquitetura de "pedra e cal" foi elevada à condição de marca nacional de um Estado sólido, e os bens culturais não pertencentes à elite permaneceram relegados ao esquecimento.

Em nível mundial, o nacionalismo exacerbado, muitas vezes associado ao imperialismo, perdeu espaço com o fim da Segunda Guerra Mundial. Um símbolo importante deste momento histórico foi a criação da ONU (Organização das Nações Unidas) e da Unesco (Organização das Nações Unidas para a educação, a ciência e a cultura), ambas de 1945. O fim do colonialismo trouxe para o centro da ação política diversos tipos de movimentos sociais — pelos direitos civis, pela emancipação feminina, pelo reconhecimento das diversidades religiosa e cultural. A idéia unitária de nação, até então fundada na concepção do patrimônio nacional, baseada na identidade de uma só língua, cultura e de um só território, passou a ser criticada de diversos modos no cotidiano das lutas sociais. Um marco desse processo foi a primeira convenção referente ao patrimônio mundial, cultural e natural, adotada pela Conferência Geral da Unesco, em 1972. A partir do reconhecimento da importância da diversidade para a humanidade como um todo, passou-se a considerar sítios declarados como "patrimônio da humanidade", pertencentes a todos os povos do mundo.

Sociedades modernas, complexas e heterogêneas como a brasileira caracterizam-se pela coexistência, mais ou menos harmoniosa ou conflituosa, no interior das mesmas, de diferentes identidades sociais, tradições culturais e visões de mundo. Há tradições dominantes que são mais legitimadas pelas elites e, portanto, mais facilmente e melhor preservadas pelo Estado. Com isso, o acesso à tradição de grupos marginais em relação à cultura dominante é, muitas vezes, complicado. É comum, por exemplo, que nesses grupos predomine a tradição oral, inexistindo documentação escrita.

Além disso, diferenças simbólicas dificultam a própria apreensão, pela elite, do que é importante para a construção de identidades sociais de grupos subalternos.

Apenas em 1982, por exemplo, ocorreu no Brasil o primeiro reconhecimento oficial de um terreiro de candomblé como patrimônio da cidade de Salvador, o Terreiro da Casa Branca do Engenho Velho, ou *Ilé Axé Iya Nassô Oká*. Em 1986, ele foi tombado como patrimônio nacional. Para que isso tenha acontecido, foi preciso reconhecer a legitimidade de tradições culturais que foram, por muito tempo, discriminadas. Isso não ocorreu de forma consensual. Ao contrário, é importante perceber que aquilo que é preservado como patrimônio histórico (incluindo os arquivos) é, muitas vezes, o resultado da cristalização de verdadeiras "batalhas pela memória". O tombamento desse terreiro foi um marco porque rompeu com toda a tradição anterior do patrimônio histórico nacional, que privilegiava os monumentos referentes ao catolicismo. Além da casa do terreiro propriamente dita, foram tombados também os principais objetos e as árvores sagradas, bem como a vegetação ritual do entorno.

Feita a redemocratização do país, a Constituição de 1988 consagrou um ideal abrangente de cidadania cultural em dois artigos:

> Art. 215. O Estado garantirá a todos o pleno exercício dos direitos culturais e o acesso às fontes da cultura nacional, e apoiará e incentivará a valorização e a difusão das manifestações culturais.

§ 1º. O Estado protegerá as manifestações das culturas populares, indígenas e afro-brasileiras, e das de outros grupos participantes do processo civilizatório nacional.

§ 2º. A lei disporá sobre a fixação de datas comemorativas de alta significação para os diferentes segmentos étnicos nacionais.

Art. 216. Constituem patrimônio cultural brasileiro os bens de natureza material e imaterial, tomados individualmente ou em conjunto, portadores de referência à identidade, à ação, à memória dos diferentes grupos formadores da sociedade brasileira, nos quais se incluem:

I. as formas de expressão;

II. os modos de criar, fazer e viver;

III. as criações científicas, artísticas e tecnológicas;

IV. as obras, objetos, documentos, edificações e demais espaços destinados às manifestações artístico-culturais;

V. os conjuntos urbanos e sítios de valor histórico, paisagístico, artístico, arqueológico, paleontológico, ecológico e científico.

A ampliação do conceito de patrimônio para a esfera imaterial levou à criação de um novo instrumento de preservação: o Registro de Bens Culturais de Natureza Imaterial, implementado pelo decreto n.3.551/2000. Surgiram o *Livro de registro dos saberes* e o *Livro das formas de expressão*, nos quais são inscritos os "conhecimentos e modos de fazer enraizados no cotidiano das comunidades" e armazenadas "as manifestações literárias, musicais, plásticas, cênicas e lúdicas"; e, também, o *Livro das celebrações* e o *Livro dos luga-*

res, que se ocupam, respectivamente, dos "rituais e festas que marcam a vivência coletiva do trabalho, da religiosidade, do entretenimento e de outras práticas da vida social" e dos espaços onde se "concentram e reproduzem práticas culturais coletivas", como mercados, feiras, santuários e praças, entre outros.

Em 20 de dezembro de 2002, o "Ofício das Paneleiras de Goiabeiras" foi o primeiro bem cultural catalogado no *Livro de registros dos saberes*, por solicitação da Associação das Paneleiras de Goiabeiras e da Secretaria Municipal de Cultura de Vitória, com o objetivo de preservar o saber tradicional relacionado à fabricação artesanal de panelas de barro em Goiabeiras Velha, Vitória (ES).

A constatação das diferenças, diversidades e contradições existentes nas sociedades contemporâneas não deve, no entanto, minimizar a persistência de construções culturais englobantes, como as associadas à idéia de *nação*. É nesse terreno histórico e socialmente configurado, permeado por tensões de diversas ordens, que se tomam decisões a respeito de *qual* patrimônio deve-se preservar, *como* deve-se preservar, e *para quem*.

Memória e seleção. O segundo ponto fundamental a se ter claro para fugir ao que chamei de "visão ingênua" sobre o patrimônio (incluindo os arquivos) diz respeito ao caráter necessariamente seletivo de toda preservação: não se pode — nem se deveria, caso fosse possível — guardar "tudo".

Em sua dimensão *pessoal* (mas que é também social), a memória (no sentido de evocação do passado, de capacidade de reter o "tempo perdido") aparece como garantia de nossa identidade. É ela que permite reunir em um "eu" tudo o que vivemos. Considera-se, geralmente, como tendo "boa memória" uma pessoa capaz de guardar e acessar muitas informações do passado. Em oposição, uma pessoa com amnésia sofre, total ou parcialmente, transitória ou permanentemente, de "perda" ou incapacidade de acessar a memória.

Há também uma dimensão *social* (mas que é também pessoal) da memória, transmitida desde a primeira infância através da tradição oral (como, por exemplo, os mitos, as lendas, as canções, os ditados e as histórias populares) e de técnicas corporais (como danças, jogos e formas de expressar sentimentos com o corpo). A dimensão social da memória expressa-se, também, de maneira objetivada, "cristalizada" em monumentos e documentos.

É importante perceber que a memória — quer em sua dimensão pessoal, quer social — não é o registro de *tudo* o que se passou. A memória é *seletiva* e envolve uma *escolha*, mais ou menos consciente, entre o que deve ser esquecido e o que deve ser lembrado. É impossível preservar, física e mentalmente, todo o passado. Um conto de Jorge Luis Borges, "Funes, o memorioso", ilustra bem este ponto. Irineu Funes era um jovem uruguaio que, aos 19 anos, caíra de um cavalo, ficando seqüelado para sempre:

> Dezenove anos havia vivido [dissera Funes a Borges] como quem sonha: olhava sem ver, ouvia sem ouvir, esquecia-se de tudo, de quase tudo. Ao cair, perdeu o conhe-

cimento; quando o recobrou, o presente era quase intolerável de tão rico e tão nítido, e também as memórias mais antigas e mais triviais. ... Agora sua percepção e sua memória eram infalíveis.

O acidente modificou sua percepção e sua memória. Funes passou a lembrar-se nos mínimos detalhes de *tudo* o que viveu, e a observar com absoluta nitidez *todos* os detalhes do presente. Lembrava-se de todos os detalhes das formas das nuvens que havia visto dez anos antes, ou da forma mutante de cada chama da lareira do dia anterior; lembrava-se de cada linha desenhada pelo remo em um rio, de todas as palavras impressas em todos os livros que leu ou apenas viu. Não eram apenas lembranças de sensações visuais: lembrava-se também de todas as sensações musculares e térmicas que sentira. Podia reconstruir todos os seus sonhos, todos os momentos de um dia (cuja reconstrução mental também demorava um dia inteiro). Disse a Borges: "Mais recordações tenho eu sozinho que as que tiveram todos os homens desde que o mundo é mundo." E também: "Minha memória, senhor, é como um despejadouro de lixos."

Tudo que Funes vivia ou pensava nunca mais seria esquecido. Eram tantas lembranças que, mesmo que quisesse, não conseguiria sequer classificá-las: na hora da morte não teria terminado de classificar as da infância. Borges suspeita que Funes não era mais muito capaz de pensar, pois pensar é generalizar, abstrair. No mundo abarrotado de lembranças de Funes, havia, apenas, infinitos detalhes de igual importância, os quais não conseguia selecionar e descartar.

Não se deve, também, ter uma visão ingênua, não crítica ou idealizada a respeito da memória social e dos documentos/monumentos nos quais ela se encontra "objetivada". Na memória "preservada" como de *interesse histórico* há sempre a intervenção de pessoas que fazem seleções e determinam aquilo que é (e o que não é) relevante para ser guardado, e aquilo que deve ser descartado. Tais seleções são sempre relacionadas a variáveis culturais e políticas e, muitas vezes, não são consensuais.

Documentos de arquivo possuem diferentes tipos de valores a eles associados, como os de *prova* e *informacional*. Ou, ainda, o valor deles como *artefato*, como elemento de associação emocional que tem a capacidade de tornar real o passado. Neste sentido, o objeto físico preservado — e não apenas seu conteúdo textual ou visual, que podem ser transcritos ou copiados em outros suportes — tem função semelhante à que Lévi-Strauss atribuiu aos *churinga*, objetos de culto dos aborígenes australianos que representam a reencarnação de um antepassado. Tal como nossos documentos e objetos "históricos", eles dão existência física à história, encarnam a qualidade íntima do acontecimento, põe a quem os consultam em contato com a pura historicidade. Por isso, a preservação do artefato para a posteridade torna-se importante.

Os suportes da memória "cristalizada". Os suportes nos quais a memória social "cristalizada" pode ser preservada sofrem mudanças em virtude das inovações tecnológicas, que, por sua vez, relacionam-se com variáveis culturais e políticas.

Durante a Antigüidade e a Idade Média havia uma valorização do *monumento* de pedra, madeira ou metal enquanto forma de expressão de fatos passados "memoráveis" — isto é, dignos de serem lembrados. Muitas vezes, era diante destes monumentos que eventos constitutivos da memória social de um grupo eram "co-memorados" — isto é, rememorados em conjunto.

Após o Renascimento, com o profundo impacto causado pelo surgimento da imprensa, ocorreu a multiplicação dos documentos escritos, antes muito restritos, posto que dependiam de copistas ou de processos artesanais de reprodução. Surge, assim, uma massa documental sempre crescente e com um caráter público mais evidente.

No século XIX, ocorreu um grande desenvolvimento de instituições ligadas à preservação da memória. Este processo foi, não por acaso, coincidente com a afirmação dos Estados nacionais. Já em 1790 foi criado o Arquivo Nacional francês. No Brasil, o Arquivo Nacional foi criado em 1838. Torna-se evidente a preocupação do Estado com a guarda centralizada e organizada dos documentos relativos ao seu funcionamento. Documentos tornaram-se, como Max Weber escreveu certa vez, os instrumentos de produção da burocracia. Com o aumento da alfabetização, a produção de documentos privados também cresceu.

Outra grande novidade do século XIX, em termos documentais, foi a invenção da fotografia, seguida, já na primeira metade do século XX, de outros documentos audiovisuais, produtos do cinema, da indústria fonográfica, do rádio e da televisão. Na segunda metade do século XX, assistimos à popularização e crescente portabilidade de gravadores, aparelhos audiovisuais e, principalmente, ao rápido desenvolvimento da informática. No início do presente século, vivemos a disseminação da internet e das mídias digitais. Ao longo dos últimos séculos ocorreu, portanto, uma enorme ampliação de tipos de "suportes da memória", cada vez mais acessíveis a diferentes grupos sociais.

Além da evolução tecnológica que resultou em novos suportes documentais, ocorreram também grandes mudanças no uso que se fazia das fontes documentais. A chamada "História Nova" francesa, por exemplo, passou a valorizar registros até então relegados a um segundo plano — documentos seriados que possuíam uma importância meramente administrativa ou comprobatória (como prontuários de hospitais ou livros-caixa), diários e agendas pessoais, correspondência familiar etc.

Não sejamos, no entanto, muito eurocêntricos nessa questão. *Casa-grande & senzala*, de Gilberto Freyre, publicado em 1933, já havia sido inovador pelas fontes que utilizou e pelos temas dos quais tratou. Logo na primeira nota do livro, Freyre chamava atenção para a relevância do estudo dos enfeites dos tabuleiros das negras quituteiras. Assuntos como alimentação, arquitetura das casas, cantigas de acalanto, costumes de se enterrar os mortos, e mal-assombrações passaram à cena principal, bem como fontes então consideradas "menores" como arquivos familiares, livros de viajantes, cadernos de receitas e quadros de ex-votos etc. A obra de Gilberto Freyre também foi inovadora pela idéia de uma "história íntima", aquela na qual:

... despreza-se tudo o que a história política e militar nos oferece de empolgante por uma quase rotina de vida: mas dentro dessa rotina é que melhor se sente o caráter de um povo. Estudando a vida doméstica dos antepassados sentimo-nos aos poucos nos completar: é outro meio de procurar-se o "tempo perdido". Outro meio de nos sentirmos nos que viveram antes de nós; e em cuja vida se antecipou a nossa. É um passado que se estuda tocando em nervos; um passado que emenda com a vida de cada um; uma aventura de sensibilidade, não apenas um esforço de pesquisa pelos arquivos.

As dramáticas mudanças em relação aos suportes e usos dos documentos, ocorridas nas últimas décadas, impõem enormes desafios e problemas à sua preservação, organização e disponibilização. Além disso, cabe sempre perguntar: Quais documentos selecionar para o futuro? Por quê? Para quem? Que uso poderá ser feito deles? Já no início do século XX, o filósofo Georg Simmel chamou nossa atenção para a desproporção crescente entre a *cultura objetiva* — aquele acervo material e imaterial disponível no mundo — e a *cultura subjetiva*, entendida como a proporção desse acervo que, individualmente, podemos processar. Enquanto a primeira cresce sem parar, a capacidade de os indivíduos cultivarem a si mesmos através da interação com as coisas permanece praticamente constante. Neste sentido, à medida que o acervo à sua disposição aumenta, o indivíduo pode aproveitar uma proporção decrescente dessa riqueza.

Para escrever seus *Ensaios*, publicados a partir de 1580, o filósofo Michel de Montaigne utilizou quase todo o patrimônio literário greco-romano disponível: menos de 300 livros. A familiaridade de Montaigne com este acervo era tamanha que, comparando-se trechos citados nos *Ensaios* com os originais, pode-se perceber pequenas alterações que sugerem que ele conhecia vários desses livros de cor. Em 1748, Montesquieu publicou *Do espírito das leis* consultando sua biblioteca pessoal de 3 mil volumes. À média de um livro por semana, levaríamos 55 anos para ler este total, que podemos tomar como o quase limite daquilo humanamente possível de se ler ao longo de uma vida. Avançando um século e meio, nos deparamos com uma cena na qual o sofisticado Jacinto de Tormes, personagem de Eça de Queirós em *A cidade e as serras*, fica paralisado diante de sua biblioteca de 70 mil livros. A simples tarefa de escolher um título para se distrair antes de dormir torna-se sobre-humana perante tamanha oferta de informação.

Com a popularização da imprensa e, principalmente, com a enorme quantidade de informação que pode ser acessada pela internet, a fenda entre a nossa capacidade de aprendizado e a quantidade de informações que temos à disposição aumentou exponencialmente, e continua a crescer sem cessar. A desorientação daí decorrente leva facilmente a um fenômeno que chamo de "fetichismo da internet": a falsa idéia de que a rede tem vida própria, independente. Mecanismos de busca na internet tornam-se uma espécie de oráculo moderno: muitas vezes, acreditamos que todas as respostas estão a distância de um clique do mouse.

Não se trata de negar a enorme potencialidade desse acervo de informações à nossa disposição. O que cabe é perguntar como agir nesse cenário, no qual podemos processar apenas uma fração decrescente daquilo que existe para ser apreendido. Creio ser preciso privilegiar, no processo de formação intelectual do qual cada pesquisa faz parte, a importância do espírito crítico e a necessidade constante de aprendizado. Aprender é um processo de alargar a percepção de nossa ignorância sobre aquilo que não sabemos, mais do que um ato de se acumular conhecimento. O importante é "aprender a aprender" constantemente, estimulando a imaginação criadora. É este processo que permite lançar pontes sobre a fenda crescente da cultura humana.

O que é um arquivo?

Podemos dar uma primeira resposta, porém parcial e provisória, dizendo que um arquivo é um tipo de *instituição de guarda* de documentos. Os *documentos* — sejam de que tipo forem: manuscritos, livros, artefatos pré-históricos, registros audiovisuais etc. — são armazenados em diferentes tipos de instituições de guarda, que podem ser arquivos, bibliotecas e museus. Se há semelhanças entre estas instituições, também há diferenças, embora elas não sejam absolutas e existam áreas de interseção.

Muitos pesquisadores vêem a pesquisa em arquivo como uma variante do trabalho em bibliotecas. A pesquisa em arquivos possui, todavia, algumas complexidades importantes.

Bibliotecas e museus são, em geral, instituições colecionadoras, que reúnem certo tipo de material que interessa à sua especialidade, através de compra, doação e permuta. Já os arquivos são, em geral, instituições receptoras de *fundos documentais*, que recebem e guardam documentos provenientes de uma mesma origem (por exemplo, a administração pública, as instituições privadas ou os indivíduos). Esses documentos, produzidos ou acumulados por tais entidades no transcurso das atividades ou funções, guardam uma relação "orgânica" entre si. Em arquivologia, costuma-se respeitar como regra de ouro o princípio de proveniência dos arquivos — *respect des fonds*, tal como nomeado pelos Archives Nationales franceses em 1841. Nesse sentido, documentos de arquivo são distinguidos de "coleções" de documentos — por exemplo, um conjunto de cartões postais enviado por diferentes remetentes a diversos destinatários e reunidos, "artificialmente", por um colecionador.

A maior parte do acervo das bibliotecas é composta de documentos que não são únicos — que, muitas vezes, existem em outros lugares. Já os documentos de arquivo (bem como os de museus), são, geralmente, exemplares únicos. Essa diferenciação, no entanto, não é absoluta. Um documento pode ser impresso, mas mesmo assim continuar sendo raro (por exemplo, um exemplar de um jornal de pequena circulação, já extinto, de acesso muito difícil ou mesmo impossível em outro lugar). Deve-se estar atento, também, para o fato de que algumas bibliotecas guardam fundos documentais (sobretudo de escritores) e coleções de documentos, que geralmente são reunidos numa seção de "manuscritos".

Quanto ao tratamento técnico dado aos documentos, na biblioteca e no museu, normalmente é feito peça por peça. Nos arquivos, os documentos geralmente são tratados em séries, que formam conjuntos ("dossiês") dentro dos diferentes fundos.

Mais uma vez cabe ressaltar que as diferenças entre esses tipos gerais de instituições de guarda não são absolutas nem permanentes. A própria natureza dessas instituições está em constante processo de mudança, como resultado da interação entre doadores, coletores ou receptores, usuários, agências de financiamento, órgãos estatais, políticas de direito autoral etc. Essa relação dinâmica entre diferentes agentes tanto produz as "singularidades" acima mencionadas quanto produz "patrimonialização".

Feitas essas observações gerais, é importante chamar atenção para a existência de duas acepções da palavra *arquivo*: a instituição de guarda (que possui um acervo de documentos) e as unidades orgânicas que compõem este acervo (que, tecnicamente, a arquivologia chama de "fundos arquivísticos").

Por exemplo, o Arquivo Nacional (instituição de guarda) possui, em seu acervo, vários fundos arquivísticos — como os dos vários ministérios que compõem o governo — que englobam documentos produzidos e/ou acumulados no exercício das funções de cada um desses órgãos do governo federal; o acervo do Centro de Pesquisa e Documentação de História Contemporânea do Brasil (CPDOC), da Fundação Getulio Vargas, inclui os arquivos pessoais de cerca de 200 personagens que tiveram participação importante na política brasileira pós-1930, entre eles Getúlio Vargas, Gustavo Capanema, Ernesto Geisel, Tancredo Neves e Ulisses Guimarães; e o Museu de Astronomia e Ciências Afins possui tanto arquivos de órgãos públicos (como os do CNPq e do Observatório Nacional) quanto de pessoas (como o do astrônomo Lélio Gama ou o do antropólogo Luís de Castro Faria). Geralmente, cada instituição arquivística segue uma determinada *linha de acervo* que orienta que arquivos se deve receber.

A palavra arquivo, portanto, serve para designar tanto o todo (uma instituição que abriga vários arquivos) quanto as suas partes (os diferentes fundos arquivísticos que o compõem). A exposição que se segue privilegiará o exame das unidades mais discretas — os arquivos enquanto fundos arquivísticos — por dois motivos. Primeiro, porque o acervo das instituições arquivísticas é um somatório de seus arquivos; segundo, porque a maioria dos pesquisadores estuda um ou mais arquivos guardados em uma instituição, e não a instituição em si (embora este também seja um tema muito interessante de pesquisa). Apesar desta ênfase, a maioria das observações servirá para ambos os tipos de pesquisa.

O objetivo principal desta seção é desnaturalizar aquilo que chamo de "visão ingênua" sobre o que é um arquivo, por uma perspectiva que enfatiza sua "gênese". Isto é, que ajude a perceber o processo de sua constituição: a lógica que preside a seleção do mesmo, os métodos pelos quais é organizado e suas condições de acesso.

A lógica da seleção. Os caminhos pelos quais os documentos vão parar nas instituições arquivísticas, bem como a organização que lá recebem, não são imutáveis nem, muitas vezes, sistemáticos. Os pesquisadores devem compreender isso para poder, com maior facilidade, fazer suas pesquisas e também para enfrentar com mais calma aquilo o que eventualmente percebem como "lacunas" nos arquivos.

É importante ter em mente, em primeiro lugar, que a constituição dos conjuntos de documentos que compõem um arquivo implica, necessariamente, diversos *processos seletivos*. Quando os pesquisadores examinam os documentos de um arquivo, esse conjunto concreto e particular de itens é o resultado final de uma longa seleção. O que "resta" em um arquivo resulta, diretamente, de pessoas que definem certos materiais — e não outros — como aqueles "que vale a pena guardar". O documento, portanto, não preexiste ao arquivo: um determinado artefato se constitui em documento na medida em que é associado, por diferentes pessoas, a uma série de concepções de valor, memória e passado que o levam a ser preservado.

Segundo uma seqüência lógico-temporal, essas pessoas são: o "titular" (pessoa física ou, no caso de um grupo ou uma organização, seus membros); no caso dos arquivos pessoais, os "herdeiros" desta documentação, aqueles que atuam como intermediários ou doadores desses arquivos a uma instituição; e, finalmente, os arquivistas, aqueles que, na instituição de guarda, recebem, organizam e dão acesso a tais documentos. Cada um possui uma *lógica própria de acumulação e preservação de documentos*, mais ou menos consciente, que responde, na prática, à questão: *Por que guardar isso e não aquilo?*

É do resultado das seleções dessas várias pessoas que os pesquisadores retiram dados para seus trabalhos e tentam convencer o público, em seus produtos (sejam eles livros, artigos, filmes etc.) que certos eventos, determinadas pessoas ou certos temas "valem a pena ser conhecidos". Esta é, como já observamos, uma via de mão dupla, já que aquilo que consideramos que vale a pena ser conhecido nos ajuda, como membros de uma sociedade, a decidir o que consideramos que vale ser guardado, e vice-versa. No mesmo sentido, os arquivistas orientam seu trabalho de seleção e organização de documentos tendo em vista aquilo que imaginam ser importante para os pesquisadores que consultam os arquivos. Estes refletem características das sociedades das quais fazem parte.

As "três fases" da vida dos documentos de arquivo. Observemos, com mais detalhes, cada uma das "fases" de seleção anteriormente mencionadas.

Na primeira, o indivíduo, grupo ou a organização "titular" dos documentos (isto é, quem tem o direito de acumulá-los ou descartá-los em primeira instância) tem papel fundamental em determinar o que será considerado de interesse arquivístico e salvo para a posteridade, ou aquilo que será descartado. Muitas vezes, não se trata de uma decisão individual, mesmo no caso do arquivo de um indivíduo — ele pode, por exemplo, contar com o auxílio de outras pessoas, como secretárias e familiares. Os critérios adotados podem, também, variar ao longo do tempo. Muitas vezes, os documentos de uma pessoa ou instituição são reorganizados em função de novos significados que sua preservação ou sua arrumação assumem. A simples "reclassificação" de um documento guardado numa pasta para outra consiste numa operação de avaliação de relevâncias, de seleção e de produção de memória.

A acumulação dos documentos pode ser determinada por uma lógica mais impessoal — como, por exemplo, documentos que, por determinação legal, um órgão público ou uma pessoa física precisam guardar; no outro extremo, pode ser resultado de um projeto pessoal ou coletivo, conscientemente orientado para o futuro.

Os documentos potencialmente considerados de interesse arquivístico não são criados, nem guardados, em espaços abstratos, e sim em locais determinados — às vezes em vários deles: caixas em escritórios, armários em residências particulares, um servidor de rede etc. Quando uma pessoa morre (ou uma instituição é extinta), há pouca chance de que outra recolha tudo que pertence ao titular dos documentos e que eles sejam encaminhados para uma mesma instituição arquivística, de maneira precisamente identificada.

Os espaços de depósito são também finitos, por maiores que possam ser: nunca há espaço para se guardar tudo.

De tempos em tempos, é necessário fazer "faxina" na casa, no escritório ou mesmo no computador, o que resulta na rearrumação física de alguns materiais, e no descarte de outros. Às vezes, isto é feito de forma consciente e premeditada, outras vezes não. No primeiro caso, podemos citar como exemplo o presidente Campos Sales, que, após terminar de escrever sua autobiografia, *Da propaganda à presidência* (1908), destruiu deliberadamente os documentos que lhe serviram de suporte — na visão dele, eles já haviam cumprido sua finalidade. No outro pólo, poderíamos lembrar o caso de programas de computador que limpam automaticamente "lixeiras", arquivos temporários, pastas com arquivos infectados por vírus ou com mensagens indesejadas (*spams*). Além disso, podem ocorrer acidentes absolutamente involuntários e não previstos, como incêndios, inundações e roubo de documentos.

Tão ou mais importante do que aquilo que o hipotético titular guarda é *como* ele guarda — a lógica de acumulação de documentos e o método de guardá-los que mantém. Por que guardar isso e não aquilo, onde guardar, e em que ordem? Estas perguntas são decisivas, pois influenciam o conjunto de documentos que eventualmente irão parar num arquivo, bem como o ordenamento físico do mesmo (que, por sua vez, irá em alguma medida direcionar o olhar do arquivista e do pesquisador). A lógica que preside a acumulação e a preservação dos documentos pode ser simples e codificada (como no caso dos documentos produzidos por órgãos públicos que possuem uma "tabela de temporalidade", a qual prevê um tempo para o descarte ou a necessidade de sua preservação permanente) ou, ao contrário, tão complexa que apenas o titular entenda; pode, também, sofrer modificações no decorrer do tempo.

Essa primeira fase de seleções termina quando o titular do arquivo morre ou, no caso de um arquivo institucional, ele deixa de ser "corrente" — isto é, de estar em uso por aqueles que produzem ou acumulam em primeira instância os documentos — e passa a uma segunda fase, a qual podemos chamar de "intermediária" (isto é, na qual os documentos já cumpriram a função primária a que se destinavam, mas ainda não chegaram à instituição final de guarda). Muitas vezes, ainda não sofreram o processo final de seleção com vistas a identificar aquilo que deve ser, afinal, preservado. No caso dos arquivos pessoais, esta fase não existe quando um indivíduo doa e entrega seu arquivo, ainda em vida, a uma instituição.

A segunda fase, "intermediária", é incerta e liminar. Como nos rituais de passagem estudados pelos antropólogos, os documentos estão agora em transição, a meio caminho entre a separação do local onde estavam originalmente guardados e sua incorporação final numa instituição de guarda. O conjunto de documentos depende de herdeiros ou intermediários, de pessoas que avaliam, selecionam, descartam ou preservam os documentos do titular já falecido ou que se desfez de seu arquivo (ou do fundo institucional que deixa de ser "corrente"), antes que eles sejam enviados, se um dia o forem, a uma instituição arquivística. No caso dos arquivos públicos, há uma série de procedimentos e rotinas que devem pautar a avaliação e o descarte dos documentos por parte dos arquivistas. No entanto, estes procedimentos podem não ser cumpridos como deveriam ou ser interpretados de modos diferentes por cada arquivista. Multiplicam-se, nesta fase, as oportunidades de alteração no conjunto original de documentos, por seleção consciente ou por perda involuntária (até aqui estamos considerando como definidor de um "fundo arquivístico" os documentos *acumulados* por uma pessoa ou instituição, e não uma coleção dos documentos por ela *produzidos* — por exemplo, cartas ou mensagens que são enviadas ou entregues a outrem. Neste caso, tudo ficaria mais complexo: O que os outros vão guardar, por que e de que forma? Para onde esses documentos irão um dia, e como serão tratados?).

A terceira "fase" da vida dos documentos de um arquivo começa após eles chegarem e serem incorporados a uma instituição arquivística. Aqui, um conjunto de novas (e decisivas) questões coloca-se: A instituição de guarda receberá todos os materiais que se quer doar, ou alguns serão recusados (por exemplo, objetos tridimensionais, livros, duplicatas ou cópias de documentos, recortes de jornais etc.)? Há limitações de pessoal, de espaço ou de recursos financeiros na instituição que tenham efeito sobre os documentos a serem guardados, ou sobre a forma pela qual serão tratados? Os documentos serão corretamente identificados como parte de um mesmo "fundo arquivístico", ou ficarão misturados a outros — e, portanto, a manutenção de sua "organicidade" ficará comprometida? Como os documentos serão organizados? Os métodos de organização adotados pela instituição manterão a ordem (o "arranjo") original dos documentos? Como eles serão descritos (e, portanto, identificados pelo pesquisador que irá consultá-los)? Em que condições eles poderão ser acessados e utilizados pelo público interessado na sua consulta e eventual citação ou reprodução?

Após essas três fases de seleção e de sedimentação é que o pesquisador tem acesso aos documentos — resíduos da atividade humana já selecionados e organizados por diferentes pessoas, sujeitas a motivações e circunstâncias variadas. Cada documento consultado é, portanto, resultante de um conjunto de intencionalidades: de quem o produziu, de quem o guardou, de quem o organizou e permitiu que fosse consultado.

Cinco características estruturais das instituições arquivísticas. Como foi mencionado, ao examinarmos algumas diferenças entre bibliotecas e arquivos, esses dois tipos de instituições de guarda, embora tenham semelhanças, possuem particularidades importantes. Talvez a principal seja que os arquivistas (aqui genericamente considerados como os responsáveis pela instituição arquivística) detêm considerável poder sobre os documentos que guardam, muito maior que o dos bibliotecários. Isso ocorre, acima de tudo, devido ao caráter geralmente único dos documentos de arquivo, mas também pelo fato de que os procedimentos de organização e identificação dos documentos de biblioteca (em geral, livros, revistas e jornais) são mais padronizados que os utilizados para os documentos de arquivo. Isso coloca, como chama a atenção Michael R. Hill em *Archival Strategies and*

Techniques, algumas questões estruturais importantes para o pesquisador ter em mente:

1. **Acesso aos arquivos:** É comum haver restrições ao acesso, quer regulamentadas e formais (como horários de atendimento, exigência de qualificação do pesquisador ou de recomendação por parte de alguém), quer informais (que dependam, por exemplo, da boa vontade dos atendentes). Algumas vezes, é necessário um documento de apresentação do pesquisador, que confirme seu vínculo com alguma instituição acadêmica, ou a opinião favorável de uma pessoa que detenha poder sobre a instituição arquivística ou o acervo da mesma, para que o acesso seja autorizado. Conseguir entrar numa instituição arquivística pode ser, no entanto, apenas o primeiro passo. Às vezes, é necessário negociar acesso em separado para cada fundo arquivístico específico, ou partes dele.

Em geral, podemos dizer que quanto maior o arquivo, e principalmente nos arquivos públicos, mais claros e formais serão os requisitos para a consulta. Já em arquivos pequenos, especialmente em arquivos privados, as regras podem ser menos estabelecidas, e maior a necessidade de negociação para se ter acesso aos documentos.

2. **O caráter único dos documentos arquivísticos:** A questão do acesso aos arquivos é fundamental por causa do caráter geralmente único da documentação arquivística. Se o pesquisador não conseguir acesso aos documentos, as conseqüências para a pesquisa podem ser desastrosas. No caso de uma biblioteca, como os materiais não são únicos, basta ir a

outra biblioteca. Por isso, é necessário que a postura do pesquisador, ao solicitar acesso a um arquivo, seja profissional, bem planejada e executada.

3. A não circulação de documentos: Documentos de arquivos, além de geralmente serem únicos, também não circulam, isto é, não podem ser levados para casa ou emprestados através de outro arquivo (como ocorre no caso de empréstimos entre bibliotecas). Por isso, é preciso se deslocar até o arquivo — e, quando ele está fisicamente localizado em outra cidade, ficar alojado perto dele (neste caso, entra em cena a questão da disponibilidade financeira por parte do pesquisador para arcar com viagem e estadia). Por causa da não circulação dos documentos, é também necessário que o pesquisador adeque seu horário de trabalho ao horário de funcionamento da instituição de guarda, bem como à possibilidade de dispor ou não de equipamentos como computador, scanner, máquinas fotográficas ou reprográficas. Estes constrangimentos de tempo, espaço e permissão de uso devem ser levados em consideração quando se vai pesquisar em arquivos.

As limitações decorrentes desta não circulação dos documentos de arquivo ficam completamente modificadas, e mesmo superadas, caso o arquivo disponibilize o acesso aos documentos (ou aos seus instrumentos de busca, como catálogos) digitalizados via internet, ou forneça reproduções ou microfilmes dos mesmos.

4. **Propriedade de direitos autorais:** Os doadores de arquivos ou as instituições arquivísticas que os recebem, muitas

vezes, mantêm os direitos autorais sobre os documentos. Geralmente, há restrições para citação, cópia ou publicação, o que faz com que o acesso e a disseminação de informações de arquivos estejam sujeitos a constrangimentos de *copyright*. Mesmo que não haja restrições legais ou financeiras à sua utilização, a propriedade intelectual — e moral — de uma fotografia, uma poesia, ou um texto acadêmico localizados em arquivo será sempre de seus autores.

5. Em geral, o acesso físico ao local de depósito não é permitido: Em muitas bibliotecas, pode-se procurar um livro na estante — e, o que é comum, localizar, ao seu lado, outros títulos interessantes sobre o mesmo tema. Num arquivo, o pesquisador, em geral, pede para consultar os documentos a partir de um catálogo ou inventário. Então, o material é buscado pelo arquivista ou atendente (esta característica altera-se de maneira significativa no caso de arquivos totalmente digitalizados e disponíveis para acesso público).

Esses limites são justificados como necessários à preservação física e à manutenção da ordem de arquivamento. O fato é que o arquivista detém o controle da situação: no limite, se quiser, pode dificultar muito a pesquisa — dizendo, por exemplo, que o material está fora de ordem, não podendo ser localizado. Este é mais um motivo para se manter uma postura cordial e profissional durante o trabalho.

Três casos

Menciono, a seguir, três casos reais de cientistas sociais ou historiadores envolvidos com a organização ou busca de arquivos históricos que podem ilustrar vários elementos dos "bastidores" da pesquisa em arquivos.

Crônica de uma "descoberta". Em 1987, cheguei ao Museu de Astronomia e Ciências Afins (Mast), instituto do CNPq localizado no antigo prédio do Observatório Nacional, no Rio de Janeiro, na qualidade de assessor técnico indicado pelo CPDOC para a organização do acervo sob sua guarda. Este era composto pelos fundos arquivísticos do Observatório Nacional e do CNPq. Um exame preliminar da documentação, todavia, revelou a existência de dois outros fundos documentais, até então desconhecidos pela instituição. O primeiro era pequeno e pertencia à Associação Brasileira de Astronomia, uma associação civil fundada em 1956 e que existiu até o final da década de 1960, cuja documentação estava incorporada à documentação do Observatório Nacional e classificada sob o rótulo "Astronomia".

A segunda "descoberta" foi mais sensacional. A equipe de estagiários de arquivologia que me auxiliava no trabalho de levantamento inicial da documentação me informou sobre a existência de documentos do CNPq que remontavam ao ano de 1933. O CNPq, no entanto, havia sido criado em 1951! Alguém supôs que deveriam ser documentos de uma espécie de "embrião" do Conselho. Ao examinar de perto a documentação, no entanto, minha surpresa foi encontrar algo até então ignorado pelos que detinham a guarda do acervo: o fundo documental do Conselho de Fiscalização das Expedições Artísticas e Científicas no Brasil, sobre o qual nunca havia ouvido falar, e acerca do qual praticamente inexistiam referências publicadas em textos acadêmicos.

Um rápido exame do material — com documentos referentes a muitas expedições, incluindo personagens "fiscalizados", como os antropólogos Claude Lévi-Strauss e Curt Nimuendajú, além de membros do Conselho do porte de Heloísa Alberto Torres e Berta Lutz — imediatamente revelava a importância do "achado". Propus, então, a organização prioritária deste arquivo. Caso esse fundo arquivístico não tivesse sido identificado, organizado e tornado público, provavelmente, a existência do Conselho continuaria "desconhecida".

Por onde este arquivo andou, antes de chegar à instituição que o guardou como sendo "histórico"? O Conselho foi criado em 1933, integrado à Diretoria Geral de Pesquisas Científicas do Ministério da Agricultura, órgão encarregado de fiscalizar as expedições estrangeiras e as brasileiras em território nacional (estas, apenas as de iniciativa privada). A partir de 1936, o Conselho passou a ficar subordinado ao gabinete do ministro, situação que permaneceu até a sua extinção, em 1968, quando suas atribuições passaram à competência do então Conselho Nacional de Pesquisa (no que se refere ao controle dos pesquisadores estrangeiros) e da Diretoria do Patrimônio Histórico e Artístico Nacional (no que se refere à preservação do patrimônio).

Não se pode ter certeza a respeito do que havia além da parcela de documentação de caráter histórico ou legal que foi preservada. O Conselho nunca teve sede própria. Suas reuniões ocorriam inicialmente numa sala do Ministério da Agricultura e, mais tarde, no Jardim Botânico. O fato de ter dividido espaço com outros órgãos públicos pode ter contribuído para que, em diversos momentos, houvesse mistura com outros fundos documentais ou perda de material.

Do mesmo modo, nada garante que, ao ser entregue à guarda do CNPq, todo o material do Conselho tenha ido para lá, mesmo que possamos supor que a maior parte, de fato, tenha seguido este destino. Algo pode ter permanecido junto à documentação do Ministério da Agricultura, algo pode ter ido para o Patrimônio. Na segunda etapa de seu percurso, ao passar do CNPq para o Mast, alguma documentação originariamente do Conselho também pode ter sido deixada para trás ou pode ter sido extraviada no caminho. Finalmente, como já foi destacado, o arquivo do Conselho estava "perdido" junto à documentação do CNPq, que passou para a guarda do Mast como parte de seu arquivo "histórico". E lá poderia ter permanecido por um bom tempo, se sua identificação como um fundo documental específico e se sua avaliação como muito importante não fizessem com que fosse organizado prioritariamente.

A identificação do fundo foi facilitada pelo fato de que a maioria da documentação se referia ao período anterior à criação do CNPq, embora houvesse uma interseção de 17 anos no período de funcionamento dos dois órgãos (1951-68). Foi mais difícil, no entanto, identificar todas as fotografias relativas ao fundo do Conselho. Como o tratamento técnico das fotos era diferente daquele dado aos documentos textuais, foi necessário referir as primeiras aos dossiês dos quais originalmente faziam parte. Caso esse procedimento não tivesse sido feito com cuidado, haveria sempre a possibilidade de algo ter sido deixado para trás e, portanto, ficar sem uma identificação que a remetesse ao arquivo do Conselho. Com relação aos documentos textuais, depois da finalização da organização do arquivo, foram localizados outros. Foi, então, elaborado um anexo que passou a constar da segunda edição do inventário.

No que se refere à organização dos documentos, muitos dossiês encontravam-se originalmente separados por pastas, no mobiliário para pastas suspensas, classificadas pelo estado de destino da expedição. Uma análise da documentação, no entanto, nos convenceu de que não valia a pena manter o ordenamento anterior. Além de incompleta, esta organização não havia sido rigorosamente respeitada, já que muitas outras pastas apresentavam outros ordenamentos, os quais não podíamos recuperar. Não havia, neste caso, clareza total a respeito da organização adotada quando o Conselho ainda existia. Optamos por privilegiar o arranjo da documentação por expedições e expedicionários, reunindo os documentos em dossiês que incluíam, em alguns casos, outros processos de anos posteriores ao do mesmo expedicionário. Imaginamos, para tomar tal decisão, que o arquivo seria consultado principalmente por historiadores e cientistas sociais. Quero enfatizar, com essas observações, que a definição do arranjo da documentação foi de responsabilidade exclusiva da equipe que a organizou. Não havia um caminho "natural" a seguir, e outras opções poderiam ter sido feitas.

Arquivo e "legado" institucional. Em 2000, Luciana Heymann, pesquisadora do CPDOC, assumiu a organização do arquivo pessoal de Darcy Ribeiro, depositado na fundação que leva seu nome, por ele criada pouco antes de sua morte. Os cerca de 80 mil documentos que compõem este acervo ocupavam, em relação à instituição que o abrigava, lugar de absoluta centralidade. Seus dirigentes estavam conscientes do forte capital simbólico de que se investia a documentação. Tal fato era confirmado tanto pelas demandas de consulta externa quanto pela importância que o arquivo tinha como instrumento de captação de recursos. Neste sentido, o arquivo de Darcy Ribeiro conferia prestígio e legitimidade à instituição depositária, fenômeno recorrente em instituições arquivísticas consagradas ao "legado" de um personagem.

Essa importância acarretava a afirmação de "razões de autoridade" pelos dirigentes da instituição que, por vezes, se sobrepunham aos princípios arquivísticos rotineiros e consagrados, como o já mencionado "respeito aos fundos". O que era apresentado como arquivo pessoal de Darcy resultava, na realidade, da reunião de documentos provenientes de diferentes espaços por ele ocupados — apartamento residencial no Rio, casa em Maricá, escritório político em Brasília —, mas também de documentação que se encontrava sob a guarda de outras pessoas (a ex-mulher, um irmão, vários dirigentes e funcionários da Fundação). Estes, supostamente, teriam guardado "coisas do Darcy", inclusive documentos produzidos já após sua morte. A reunião destes documentos num mesmo local e como parte de um mesmo "arquivo pessoal" reforçava a idéia de "totalidade" do arquivo, também associada à construção da identidade social do próprio "titular". Neste caso, prevalecia sobre um princípio arquivístico geral aquilo que os dirigentes institucionais identificavam como um suposto caráter "excepcional" e "genial" do titular, caracterizações também marcantes da imagem de Darcy Ribeiro. Em uma via de mão dupla, o arquivo também projetava, para o futuro, uma imagem que se pretendia reforçar a respeito do titular e de seu "legado".

Em busca do arquivo perdido. A antropóloga Ana Teresa Venâncio, ao desenvolver uma pesquisa sobre o psiquiatra Juliano Moreira (1873-1933), considerado o fundador da psiquiatria "científica" no Brasil, estabeleceu como uma de suas metas localizar o "arquivo pessoal" de Moreira. A busca, no entanto, se mostrou mais difícil do que imaginara, pois em nenhuma das várias instituições às quais o psiquiatra esteve ligado, Ana Teresa encontrava documentação primária que pudesse ser identificada como parte de um suposto "arquivo pessoal".

Felizmente, o contato com outra pesquisadora, que fizera uma dissertação de mestrado sobre o personagem, resultou na informação de que o acervo pessoal de Juliano Moreira teria sido mantido pela, já falecida, esposa dele. Haveria, segundo esta informante, álbuns de fotografias, recortes de jornais e documentos, feitos pelo próprio Juliano Moreira e por sua mulher. Ainda segundo esta informante, alguns dos álbuns teriam sido distribuídos pela viúva de Juliano Moreira a amigos que os sustentaram financeiramente no fim da vida, como forma de retribuir a ajuda recebida. Além disso, a viúva teria doado cinco álbuns para outro psiquiatra, que organizara uma comemoração pública por ocasião do centenário de nascimento de Juliano Moreira. Estes álbuns, finalmente, teriam sido dados de presente para a pesquisadora-informante.

Algum tempo depois, no entanto, quando solicitada a dar acesso a esses álbuns, a informante mostrou para Ana Teresa apenas dois, alegando que não encontrara mais os outros três, pois havia se mudado de residência e precisaria de mais tempo para localizá-los. Mesmo em relação aos dois álbuns examinados, não se podia ter certeza se haviam sido produzidos pelo próprio Juliano, ou por sua mulher (ou por ambos), nem se haviam sido feitos antes ou depois de sua morte. Também não havia mais descendentes ou ex-colaboradores vivos, aos quais se pudesse perguntar sobre o histórico dos documentos de Juliano Moreira.

Afinal, o rico arquivo pessoal que se imaginara, e ao qual se atribuíra o estatuto de algo que expressaria a experiência vivida pelo titular, cedia lugar a um pequeno conjunto de fotos sobre o qual não se podia ter certeza de quase nada. Refletindo criticamente sobre o resultado da sua busca, Ana Teresa nos chama atenção, de forma muito lúcida, para como são fortes e naturalizadas as representações que habitualmente fazemos sobre o estatuto de um "arquivo pessoal".

Como pesquisar em arquivos?

Duas perspectivas, inspiradas na tradição das ciências sociais, podem ajudar o pesquisador a se situar durante o trabalho de pesquisa nos arquivos.

A primeira baseia-se na metáfora teatral utilizada pelo sociólogo canadense Erving Goffman (em *A representação do eu na vida cotidiana* e em outros livros) para analisar e apresentar a vida em sociedade e os seus processos de interação social. Um dos desafios do pesquisador seria o de ter acesso aos "bastidores" da instituição arquivística — região muitas vezes opaca à visão que se tem da "platéia", isto é, como o arquivo foi constituído, como está organizado (e se há documentos que não estão organizados, ou aos quais não é facultado o acesso), com que cuidados e intenção foram produzidos os instrumentos de busca disponíveis.

Uma segunda perspectiva que pode ser útil é considerar a ida ao arquivo e a interação com os arquivistas, atendentes, e outros funcionários da instituição de guarda como um "encontro etnográfico". Neste sentido, as pessoas que trabalham no arquivo seriam vistas como "nativos" (no melhor sentido antropológico do termo), detentores de um conhecimento sobre a instituição e com o arquivo que o pesquisador não tem — por exemplo, as "categorias nativas" segundo as quais o arquivo foi organizado. Quanto mais se entender o modo como os arquivistas trabalham, mais produtiva a pesquisa poderá ser.

Esta é uma relação efetivamente dialógica, e não de "inquiridor" e "informante", pois a equipe do arquivo também precisa compreender aquilo que o pesquisador tem em mente ao buscar documentos que ajudem a responder suas perguntas de pesquisa. Uma percepção equivocada das intenções do pesquisador (seja por causa de má apresentação por parte do pesquisador, ou pela dificuldade do pessoal do arquivo em compreendê-las) pode levar a enormes dificuldades. Por outro lado, um diálogo intenso e produtivo entre pesquisador e pessoal do arquivo pode levar à descoberta de caminhos desconhecidos ou impensados para a pesquisa, muitas vezes mais ricos ou produtivos do que aquilo que se imaginava previamente à ida a "campo" — nesta perspectiva, a pesquisa em arquivos é vista como uma modalidade da tradicional "pesquisa de campo" antropológica.

Antes de visitar um arquivo: fazendo o "dever de casa". Os primeiros passos para o sucesso de uma pesquisa em arquivo começam antes mesmo da visita à instituição. Em primeiro lugar, é importante que o pesquisador selecione o mais claramente possível seu "objeto", o "alvo" de sua busca. A maioria dos arquivos associa documentos (ou grupos de documentos) a termos "descritores" — nomes de pessoas, instituições, lugares ou eventos que se referem a esses documentos. Quando um arquivista pergunta "o que você está procurando?", em geral, espera que você dê uma lista de termos que descrevam seu alvo: nomes de pessoas ou instituições, acontecimentos históricos, lugares ou períodos cronológicos específicos (por vezes, batizados com nomes como "Período Regencial", "Estado Novo", "Regime Militar" etc.).

Portanto, mesmo que sua pesquisa seja fundamentalmente temática, é importante ter em mente que a prática arquivística possui forte viés em favor do conhecimento de nomes específicos de pessoas, instituições ou períodos históricos associados com o tema de seu interesse. É o "objeto" selecionado que irá conduzi-lo através da consulta a inventários e guias. No entanto, é comum (muitas vezes, desejável) modificar ou ampliar o foco de seu "objeto" durante a pesquisa.

Com o "objeto" selecionado, o pesquisador tem a ferramenta básica para identificar as instituições arquivísticas que deve visitar e, nelas, os arquivos e os conjuntos de documentos nos quais deve buscar informações. Este processo começa com pesquisa em bibliotecas ou na internet, com o objetivo de levantar a bibliografia geral e uma lista biográfica sobre seu tema de pesquisa. Isso acaba por gerar a compilação de uma lista de descritores.

Ao fazer o *levantamento bibliográfico* sobre seu objeto de pesquisa, o pesquisador deve estar atento para anotar as referências a arquivos nele encontrados (presentes, muitas vezes, em notas de rodapé de trabalhos acadêmicos) e, sempre que existentes, os códigos dos conjuntos documentais mencionados, pois eles poderão ser muito úteis na pesquisa no arquivo. Ao mesmo tempo, este procedimento permite a construção de uma *lista biográfica* — uma espécie de *Quem é quem* com nomes de pessoas relacionadas ao seu tema de pesquisa. Liste todos os nomes relevantes que encontrar, incluindo a rede social dos personagens principais (cônjuges, parentes, companheiros, amigos íntimos, colegas de trabalho, chefes e subordinados etc.), bem como os das organizações nas quais trabalharam, das comunidades nas quais viveram, datas e locais das escolas que freqüentaram. Atenção com organizações ou indivíduos que alteram seus nomes no todo ou em parte (com grafias diferentes), pessoas que usam pseudônimos, ou mulheres que trocam de nome quando se casam.

No caso de uma pesquisa temática na qual um nome-alvo não é conhecido, ou quando não se consegue estabelecer os nomes das pessoas associadas a um fenômeno social particular, uma estratégia alternativa de pesquisa é começar buscando não nomes de indivíduos particulares, mas de categorias sociais: mulheres escritoras, imigrantes italianos etc. Os guias e catálogos de arquivos trazem, às vezes, índices temáticos. No entanto, muitas vezes, esses índices são muito gerais, e não suficientemente detalhados para serem de utilidade prática.

Uma boa sugestão nessa fase inicial de levantamento biobibliográfico é entrar em contato com pessoas que pesquisaram, ou escreveram, sobre o tema em questão. Há sempre a possibilidade de que sejam fornecidas informações preciosas, muitas vezes não presentes nos textos que escreveram.

Esse trabalho inicial de pesquisa permitirá a construção de uma *lista de descritores*, cuja primeira utilidade é ajudar o pesquisador a localizar arquivos relevantes, através da consulta a guias de arquivos, catálogos e outros instrumentos de busca. Não há uma receita infalível para esta busca. O sucesso depende de uma combinação de trabalho sistemático e alguma sorte.

É sempre importante tentar contatar os responsáveis pelo arquivo, antes de visitá-lo. Isso evita frustrações e ajuda a economizar tempo e recursos de pesquisa. Telefone ou escreva uma mensagem de apresentação na qual você sucintamente exponha sua pesquisa e expresse seu interesse por arquivos ou conjuntos de documentos específicos. Pergunte se pode consultá-los (podem estar, por exemplo, indisponíveis devido ao mau estado de conservação ou separados para digitalização), bem como informações sobre volume dos documentos, se podem ser obtidas cópias de catálogos ou inventários antes da visita, se o período no qual você planeja pesquisar é conveniente, e se há informações sobre outros arquivos relacionados ao tema. Antes de decidir se vale a pena visitar um arquivo distante, é bom também ouvir pessoas que já pesquisaram lá. Mas atenção: tanto outros pesquisadores quanto arquivistas podem não compreender, ou se equivocar, quanto à utilidade de determinado arquivo para a sua pesquisa.

O que fazer ao chegar ao arquivo. Como vimos, o arquivista possui uma posição de considerável poder na interação com o pesquisador, em grande parte derivado de características estruturais dos arquivos. Deste modo, ao se chegar a um arquivo, a entrevista inicial com o responsável pelo atendimento é um encontro face-a-face que pode representar a chave para o sucesso ou o fracasso da pesquisa, principalmente se o arquivo não possuir regras claramente estabelecidas e rotineiras de acesso.

Nesse momento, é importante estabelecer sua legitimidade como pesquisador (se você for um jovem pesquisador, em alguns casos pode ser útil ser apresentado por um pesquisador mais experiente, ou através de uma carta de recomendação) e demonstrar interesse em conhecer as normas estabelecidas pela instituição para a consulta aos arquivos. O pesquisador deve procurar manter, independentemente do estado de espírito do arquivista, uma postura cordial, porém sempre séria e profissional.

Durante a primeira visita, em geral o pesquisador explica seu projeto, pede auxílio ao arquivista, acesso a material que presuma ser relevante, além de orientação sobre os procedimentos na sala de consulta, incluindo como requisitar documentos e obter cópias. É crucial, quando estiver explicando o projeto, evitar o uso de jargão acadêmico, pois isso pode dar margem a muitos mal-entendidos. Entretanto, nunca subestime seu atendente, que pode ser um par acadêmico, tão ou mais competente que o próprio pesquisador. Lembre-se de anotar os nomes das pessoas que o ajudarem para registrar futuramente um agradecimento em seu trabalho final. Este cuidado também poderá ser útil para novos contatos ou visitas no futuro.

Para ter acesso a documentação depositada nos arquivos, e nela localizar documentos de interesse para a pesquisa, o primeiro passo (que algumas vezes pode ser realizado a distância, antes de se ir fisicamente até o arquivo) é consultar o guia de arquivos ou o catálogo geral, instrumento que fornece informações gerais sobre cada conjunto documental depositado na instituição. A partir deste primeiro levantamento, podem ser consultados inventários de conjuntos documentais específicos. Tais inventários podem variar em formato e abrangência, indo desde uma lista sumária das caixas ou pastas existentes (tal como "Caixa 1: correspondência recebida, 1920-1935"), até uma descrição individual de cada documento. Em alguns casos, o arquivo pode dispor de uma base de dados informatizada que permita busca através de palavras-chave.

De qualquer forma, como já observamos, também é quase sempre útil pedir sugestões ao arquivista. Ele poderá não apenas indicar materiais não listados, por razões variadas, como também dar informações sobre o histórico dos arquivos e sobre a forma pela qual foram organizados, o que permitirá contextualizar melhor os documentos a serem consultados.

Na sala de consulta, é importante que o pesquisador não se esqueça de que está num "lugar sagrado", no qual deve observar regras básicas como manter o silêncio, manusear os documentos com extremo cuidado e devolvê-los na mesma ordem em que os recebeu.

Quer você leia os documentos no arquivo, através da internet, ou tire cópias para consultar em outro lugar, não se esqueça de anotar a referência completa: arquivo, caixa ou pasta, código (se houver) e data. Sem isso, você não poderá citar suas fontes corretamente no futuro.

Da pesquisa como um artesanato intelectual. O sociólogo americano C. Wright Mills publicou em 1959, como apêndice de seu livro *A imaginação sociológica*, um texto que se tornou famoso a respeito: "Do artesanato intelectual". Mills chama nossa atenção para o fato de que a imaginação sociológica é o resultado de um trabalho intelectual que se assemelha ao de um artesão numa oficina, aperfeiçoando seus instrumentos e métodos de trabalho (e a si mesmo, bem como àquilo que produz), à medida que vai trabalhando. Esta perspectiva, válida para qualquer pesquisa social e histórica, é particularmente apropriada à pesquisa em arquivos. A habilidade em transformar um conjunto singular de documentos em algo útil para a pesquisa é um processo que se aprende fazendo. Não há uma 'receita' para seu sucesso. Algumas sugestões de estratégias a serem adotadas na pesquisa em arquivos podem, no entanto, ser úteis.

No livro já citado, Michael R. Hill sugere algumas perspectivas sistemáticas para organizar as informações obtidas no arquivo e estruturar a pesquisa. Estas podem facilitar a percepção de padrões e relações nos documentos de arquivo.

A primeira é a construção de *cronologias espaço-temporais*. Como todo fenômeno, indivíduo, organização ou movimento social se desdobra no tempo e no espaço, o pesquisador pode utilizar informações obtidas em documentos de arquivo para reconstruir a matriz espaço-temporal de eventos sócio-históricos.

Uma cronologia preliminar pode (na realidade, deve) ser construída antes mesmo da ida ao arquivo, utilizando-se de datas e lugares mencionados em fontes publicadas, dicionários biográficos, enciclopédias etc. Durante a pesquisa, esta cronologia é complementada ou retificada com base na consulta aos documentos. A interpretação sócio-histórica de cronologias será facilitada se o pesquisador tiver especial cuidado em procurar no arquivo datas e eventos que documentem momentos-chave da trajetória de seu "objeto" (seja ele pessoas, instituições ou movimentos sociais), como, por exemplo, a atuação em novas arenas e novos papéis institucionais, as mudanças de status dentro de uma instituição ou o círculo social e o envolvimento em situações de cooperação ou conflito dentro ou entre diferentes esferas institucionais. Em geral, são especialmente importantes para esse fim documentos como cartas, álbuns de recortes, além de "documentos pessoais" (diários, certidões de nascimento, diplomas, passaportes, carteiras de associações etc.).

A "linha do tempo" resultante, específica para os interesses da pesquisa, não será completa, pois refletirá, necessariamente, os dados parciais ou lacunares a partir dos quais foi produzida. Além disso, refletirá decisões realizadas pelo pesquisador sobre o que incluir ou excluir. No entanto, essa cronologia pode permitir observar com mais clareza forças institucionais e processos de interação social desdobrando-se no tempo e no espaço. A comparação entre as cronologias de diferentes organizações ou indivíduos pode vir a revelar padrões espaço-temporais que mostrem, por exemplo, elementos que distinguem a carreira de um indivíduo da de seus contemporâneos.

Outra estratégia de organização dos dados que pode ser útil à pesquisa é reconstruir *redes sociais* a partir da consulta aos documentos do arquivo. Para isso, são úteis dados sociobiográficos relacionados ao conjunto de familiares, amigos e inimigos de um indivíduo, bem como a descrição de seus contatos interpessoais, influência intelectual, a ação política, o apoio financeiro, as filiações organizacionais etc. Particularmente úteis para esse fim são cartas pessoais, convites, pedidos, cartões de visita, listas de convidados, livros de autógrafos e de hóspedes, e documentos assemelhados. Para melhor visualização, essas redes podem ser materializadas em quadros ou diagramas.

Uma terceira estratégia sugerida por Hill é a de tentar colocar-se na perspectiva dos "bastidores" do objeto estudado, percebendo melhor os "dramas sociais" que ocorrem nessa região. Em geral, isso se consegue dando especial atenção a um tipo de documento que, muitas vezes, é considerado como o mais "precioso" dos arquivos: os documentos de caráter mais íntimo, como correspondência pessoal, diários, notas marginais em livros e recortes de jornais etc. Isso não quer dizer, no entanto, que o que se vê nos "bastidores" seja "mais real" ou "verdadeiro" que as performances públicas dos indivíduos. O pesquisador deve sempre, em ambos os casos, confrontar as versões apresentadas numa e noutra esfera. Algumas vezes, os próprios documentos contêm informações dissonantes ou contraditórias entre si, em múltiplos níveis. Como exemplo, temos notas no verso de cartas ou na margem de livros, comentários em trabalhos de terceiros ou diferentes versões de um discurso.

Os documentos devem também ser avaliados como partes de um conjunto — um "dossiê" de documentos, e não apenas como peças únicas de evidência. Como escreveu Michel Foucault ao analisar a documentação referente ao caso do parricida Pierre Rivière, de 1835:

> Tratava-se de um "dossiê", isto é, um caso, um acontecimento em torno do qual e a propósito do qual vieram a se cruzar discursos de origem, forma, organização e função diferentes ... Todos falam ou parecem falar da mesma coisa ... Mas todos eles, e em sua heterogeneidade, não formam nem uma obra nem um texto, mas uma luta singular, um confronto, uma relação de poder, uma batalha de discursos e através de discursos.

Não se deve perder de vista que a pesquisa em fontes arquivísticas é um processo dinâmico no qual o pesquisador está continuamente reconsiderando os dados que vai obtendo. Assim como podem ser úteis essas estratégias gerais para organizar os dados, há de se estar atento para as complexidades metodológicas capazes de dificultar o aparentemente simples recurso à construção de cronologias, redes sociais e dramas de bastidores.

Em primeiro lugar, como já vimos, é necessário resistir à sedutora "concretude" dos arquivos, ao seu "fetichismo", percebendo os caminhos pelos quais foram constituídos e a relatividade da organização que lhes foi atribuída, os quais não podem ser tomados como "naturais". Neste sentido, o pesquisador deve ficar atento às possibilidades alternativas de organizar os dados, e perceber as lacunas nos conjuntos documentais que está examinando.

Além disso, o próprio pesquisador pode fazer, ao longo de sua pesquisa, diferentes leituras dos dados que obtém. O processo de pesquisa em arquivos não se esgota *no arquivo*, mas continua para além dele. Na verdade, boa parte da produção de conhecimento com base em tais dados ocorre *após* a pesquisa no arquivo, tanto no momento em que se faz a análise do conjunto de dados obtidos na pesquisa quanto no momento de escrita dos resultados da mesma. Neste trajeto, pode-se sempre observar aspectos dos documentos que não víamos antes e, assim, alterar o entendimento de nosso "objeto". Pode-se, eventualmente, perceber falsificações conscientemente produzidas nos documentos — cartas falsas, fotomontagens, disseminação de mentiras através de cartas íntimas etc.

A densidade do material obtido numa determinada fonte arquivística aumenta à medida que se cruzam essas informações com dados obtidos em outras fontes ou que se consultam outros arquivos. Um exemplo é suficiente para ilustrar este ponto: quando se consegue reconstruir, em arquivos diferentes, as duas pontas de uma correspondência entre dois indivíduos. No entanto, se o processo de pesquisa é cumulativo, ele nunca é absoluto ou completo. Os pesquisadores podem sempre modificar a compreensão que têm do passado à medida que identificam, ordenam e reinterpretam mais e mais dados.

Finalmente, talvez seja útil fazer uma aproximação entre os pesquisadores em arquivos e os estrangeiros que visitam e buscam compreender novos mundos sociais. Como o filósofo Alfred Schutz escreveu num belo texto a respeito do tipo social do *stranger*, este é essencialmente, tal qual o pesquisador, "uma pessoa que precisa pôr em questão praticamente tudo que parece ser inquestionável para os membros do grupo abordado". Enquanto o ator histórico toma o mundo da sua vida cotidiana como naturalmente dado, o pesquisador busca compreender, conscientemente, este mundo através de movimentos de aproximação e distanciamento. Neste processo, uma armadilha a ser evitada é projetar os significados presentes no mundo social do pesquisador naquele outro mundo social passado que se quer compreender. Outra cilada é aceitar a visão naturalizada que nossos "objetos" têm de sua própria história.

Não há um mapa perfeito para nos guiar nesses caminhos incertos e perigosos, mas talvez a verdadeira aventura do conhecimento esteja nessa descoberta das veredas de cada pesquisa específica.

Referências e fontes

A citação de March Bloch que abre o livro foi retirada de seu *Apologia da história* (Rio de Janeiro, Jorge Zahar, 2002, p.83). O breve histórico da noção de patrimônio, realizado na primeira seção deste livro, tem como referência a obra *Patrimônio histórico e cultural*, de Pedro Paulo Funari e Sandra Pelegrini nesta coleção (Rio de Janeiro, Jorge Zahar, 2006). Na mesma seção, as passagens referentes à complexidade cultural das sociedades modernas e, em particular, ao caso do Terreiro da Casa Branca, são devedoras de dois textos de Gilberto Velho publicados na *Revista do Patrimônio Histórico e Artístico Nacional*: "Antropologia e patrimônio cultural" (n.20, 1984) e "A grande cidade brasileira: sobre heterogeneidade e diversidades culturais" (n.21, 1986).

O conto "Funes, o memorioso", de Jorge Luis Borges, foi publicado originalmente em *Artifícios* (1944). Está traduzido para o português nas *Obras completas* (São Paulo, Globo, 2000, vol. I, e os trechos citados estão na p.543). Para a passagem referente a Lévi-Strauss e os *churinga* ver *O pensamento selvagem* (2ª ed., São Paulo, Companhia Editora Nacional, 1976, cap. 9, "O tempo redescoberto"). A citação de Gilberto Freyre sobre a "história íntima" está em *Casa-grande & senzala* (50ª ed., São Paulo, Global, 2005, p.45). A citação a Simmel e a desproporção crescente entre cultura objetiva e cultura subjetiva foi originalmente discutida em artigo publicado na *Revista de História da Biblioteca Nacional*, ano 1, n.3, set 2005, p.98.

Os artigos que serviram de base aos três exemplos concretos mencionados no livro são: "A trajetória de um arquivo histórico: reflexões a partir da documentação do Conselho de Fiscalização das Expedições Artísticas e Científicas no Brasil", de Celso Castro; "Os 'fazimentos', do arquivo Darcy Ribeiro: memória, acervo e legado", de Luciana Heymann; e "As faces de Juliano Moreira: luzes e sombras sobre seu acervo pessoal e suas publicações", de Ana Teresa Venâncio. Eles foram publicados na revista *Estudos Históricos*, n.36.

A citação de Foucault está no livro que ele coordenou, *Eu, Pierre Rivière, que degolei minha mãe, minha irmã e meu irmão* (3ª ed. Rio de Janeiro, Graal, 1984, p.xi-xii). A citação de Alfred Schutz, feita na p.58, foi traduzida de seu "The Stranger" (in *Collected Papers II*, The Hague, Martinus Nijhoff, 1976, p.96).

Sugestões de leitura

Para um conjunto de textos sobre arquivos, vistos na perspectiva de cientistas sociais e historiadores, vale a pena consultar dois números temáticos da revista *Estudos Históricos*, ambos disponíveis para leitura e download no Portal CPDOC (www.cpdoc.fgv.br): "Arquivos privados" (n.21) e "Antropologia e arquivos" (n.36).

Especialmente útil para a redação deste livro foi a leitura de *Archival Strategies and Techniques*, de Michael R. Hill (Sage, 1993) e *Researcher's Guide to Archives and Regional Sources*, organizado por John C. Larsen (Hamden, Library Professional Publication, 1988).

Sobre os processos da memória social, um bom primeiro passo é ler os capítulos "Monumento/documento" e "Memória", de Jacques Le Goff, no vol. 1 da *Enciclopédia Einaudi* (Lisboa, Casa da Moeda Imprensa Nacional, 1985). Sugiro também a leitura de dois textos de Michel Pollak publicados na revista *Estudos Históricos*: "Memória, esquecimento, silêncio" (n.3) e "Memória e identidade social" (n.10).

Sobre o autor

Celso Castro nasceu no Rio de Janeiro em 1963. Formou-se em ciências sociais pela UFRJ (1986) e obteve os títulos de mestre (1989) e doutor (1995) em antropologia social pelo Museu Nacional, UFRJ. É professor do Centro de Pesquisa e Documentação de História Contemporânea do Brasil (CPDOC) da Fundação Getulio Vargas desde 1986, no qual coordenou os setores de Documentação (1997-99) e Pesquisa (2003-04) e é, desde 2005, diretor.

É autor de vários livros sobre os militares na sociedade e na história do Brasil, dentre os quais *O espírito militar* (1990, 2ª ed., 2004), *Os militares e a República* (1995) e *A invenção do Exército Brasileiro* (2002). Também organizou os livros *Franz Boas — Antropologia cultural* (2004) e *Evolucionismo cultural* (2005). Todos estes títulos foram publicados pela editora Jorge Zahar, onde o autor dirige as coleções *Nova Biblioteca de Ciências Sociais*, *Ciências Sociais Passo-a-Passo* e *Descobrindo o Brasil*.

E-mail: celso.castro@fgv.br

Agradecimentos

A experiência que me possibilitou escrever este livro é fruto da passagem por instituições e pelo convívio com pessoas às quais gostaria de agradecer. No CPDOC, desde que comecei como estagiário em 1983, aprendi muito no trabalho de organização de arquivos e na discussão sobre questões de método com colegas do Setor de Documentação. Na passagem pelo Mast, a qual relato brevemente no livro, Maria Celina Soares de Mello e Araci Gomes Lisboa foram interlocutoras especialmente importantes. Mais recentemente, tive a satisfação de organizar com Olívia Maria Gomes da Cunha o seminário "Quando o campo é o arquivo: etnografias, histórias e outras memórias guardadas" (CPDOC e LAH/IFCS/UFRJ, 25 e 26 de novembro de 2004), bem como o número da revista *Estudos Históricos* sobre "Antropologia e arquivos" que dele resultou.

Dois convites estimularam-me a organizar, de forma mais didática, idéias presentes neste livro. Teresa Malatian convidou-me para ministrar, em 1997, a disciplina Métodos de pesquisa em história no mestrado em história da Unesp-Franca, e Telma Camargo da Silva, em 2007, o mini curso Etnografia em arquivos, no Museu Antropológico da Universidade Federal de Goiás, no âmbito do projeto "Sistematização da documentação referente ao patrimônio cultural imaterial do Estado de Goiás".

Agradeço, finalmente, a leitura cuidadosa dos originais deste livro e as sugestões feitas por Adriana Barreto de Souza, Alessandra El Far, Karina Kuschnir, Luciana Heymann e Olívia Cunha.

Coleção **PASSO-A-PASSO**

Volumes recentes:

CIÊNCIAS SOCIAIS PASSO-A-PASSO

Literatura e sociedade [48], Adriana Facina

Sociedade de consumo [49], Lívia Barbosa

Antropologia da criança [57], Clarice Cohn

Patrimônio histórico e cultural [66], Pedro Paulo Funari e Sandra de Cássia Araújo Pelegrini

Antropologia e imagem [68], Andréa Barbosa e Edgar T. da Cunha

Antropologia da política [79], Karina Kuschnir

Sociabilidade urbana [80], Heitor Frúgoli Jr.

Filosofia da biologia [81], Karla Chediak

Pesquisando em arquivos [82], Celso Castro

FILOSOFIA PASSO-A-PASSO

A pragmática na filosofia contemporânea [59], Danilo Marcondes

Wittgenstein & o Tractatus [60], Edgar Marques

Leibniz & a linguagem [61], Vivianne de Castilho Moreira

Filosofia da educação [62], Leonardo Sartori Porto

Estética [63], Kathrin Rosenfield

Filosofia da natureza [67], Márcia Gonçalves

Hume [69], Leonardo S. Porto

Maimônides [70], Rubén Luis Najmanovich

Hannah Arendt [73], Adriano Correia

Schelling [74], Leonardo Alves Vieira

Niilismo [77], Rossano Pecoraro

Kierkegaard [78], Jorge Miranda de Almeida e Alvaro L.M. Valls

PSICANÁLISE PASSO-A-PASSO

O adolescente e o Outro [37], Sonia Alberti

A teoria do amor [38], Nadiá P. Ferreira

O conceito de sujeito [50], Luciano Elia

A sublimação [51], Orlando Cruxên

Lacan, o grande freudiano [56], Marco Antonio Coutinho Jorge e Nadiá P. Ferreira

Linguagem e psicanálise [64], Leila Longo

Sonhos [65], Ana Costa

Política e psicanálise [71], Ricardo Goldenberg

A transferência [72], Denise Maurano

Psicanálise com crianças [75], Teresinha Costa

Feminino/masculino [76], Maria Cristina Poli